BEI GRIN MACHT SICH IHR WISSEN BEZAHLT

- Wir veröffentlichen Ihre Hausarbeit, Bachelor- und Masterarbeit

- Ihr eigenes eBook und Buch - weltweit in allen wichtigen Shops

- Verdienen Sie an jedem Verkauf

Jetzt bei www.GRIN.com hochladen und kostenlos publizieren

Rahmenbedingungen für ein wissenschaftliches Interview. Fallauswahl, Interviewleitfaden, Transkription

Denis Pyttel

Bibliografische Information der Deutschen Nationalbibliothek:

Die Deutsche Nationalbibliothek verzeichnet diese Publikation in der Deutschen Nationalbibliografie; detaillierte bibliografische Daten sind im Internet über http://dnb.d-nb.de abrufbar.

    ISBN: 9783346765215
    Dieses Buch ist auch als E-Book erhältlich.

© GRIN Publishing GmbH
Nymphenburger Straße 86
80636 München

Alle Rechte vorbehalten

Druck und Bindung: Books on Demand GmbH, Norderstedt Germany
Gedruckt auf säurefreiem Papier aus verantwortungsvollen Quellen

Das vorliegende Werk wurde sorgfältig erarbeitet. Dennoch übernehmen Autoren und Verlag für die Richtigkeit von Angaben, Hinweisen, Links und Ratschlägen sowie eventuelle Druckfehler keine Haftung.

Das Buch bei GRIN: https://www.grin.com/document/1298859

Rahmenbedingungen für ein wissenschaftliches Interview

Fallauswahl – Interviewleitfaden - Transkription

Alternative C - 2022

abgegeben am 19.09.2022 im E-Campus

Modul: Wissenschaftliches Arbeiten Vertiefung I (BWAVE1)

Studiengang: Wirtschaftspsychologie (B.Sc.)

von

Denis Pyttel

Inhaltsverzeichnis

Aufgabe C1 - Interviewleitfaden 3
Aufgabe C2 - Transkription 11
Aufgabe C3 – Qualitative Fallauswahl 15

Anhang 21
Literaturverzeichnis 25

Aufgabe C1 - Interviewleitfaden

Häufig wird an Interviews gedacht, welche im Fernsehen ausgestrahlt werden, wo ein Politiker, bzw. Politikerin zu einem Thema ausgefragt wird oder einfach Bürger auf der Straße um ein kurzes Statement gebeten werden.
Dabei spielt das Interview eine sehr große Rolle in vielen wichtigen Bereichen, wie der Psychologie, den Sozialwissenschaften oder der Marktforschung, wo Interviews persönlich und mündlich abgehalten werden (Reinhardt, Ornau & Tennert, 2020, S. 11). Damit es klarer wird, was unter einem Interview verstanden wird, folgt nun eine Definition darüber.
Ein Interview ist eine wissenschaftliche Befragung, wo systematisch versucht wird Äußerungen von der befragten Person zu bekommen, welche für das Forschungsvorhaben von Interesse sind. Das Ziel ist es möglichst viele Informationen über das Wissen, Erleben oder Verhalten einer Person zu einem bestimmten Thema herauszufinden. Dabei kann ein Interview sowohl Face-to-Face erfolgen oder aber auch durch Telefonbefragungen, in beiden Fällen ist es eine mündliche Konversation zwischen der befragten Person und dem Interviewer, bzw. der Interviewerin. Die Antworten werden dann anschließend analysiert, damit die Daten für die weitere Forschung genutzt werden können (Döring & Bortz, 2016, S. 356). Ein Interview kann drei unterschiedliche Formen der Standardisierung haben. Beim standardisierten Interview hat der Interviewer, bzw. die Interviewerin einen Fragebogen, welcher immer exakt so formuliert werden muss. Es dürfen also keine Fragen ausgelassen werden und die Reihenfolge muss gleich sein. Häufig sind bei dieser Form die Antwortmöglichkeiten ebenfalls vorgegeben, welche somit auch so dem Befragten/der Befragten formuliert werden muss. Bei halbstandardisierten Interviews gibt es ebenfalls einen Fragebogen, bzw. einen Interviewleitfaden, allerdings ist hier der Interviewer/die Interviewerin flexibler, was zum Beispiel die Reihenfolge der Fragen oder die Formulierung der Fragen angeht. Hier können auch Fragen weggelassen werden, je nachdem, was am besten für die Interviewsituation passt. Bei nichtstandardisierten Interviews beinhaltet der Leitfaden nur Stichwörter hier ergeben sich die Fragen und dessen Formulierungen während dem Gespräch, also während der Situation, sodass hier

nicht immer alle Fragen/Themen in allen Interviews angesprochen werden müssen (Lamers, 2018, S. 127).

Ein Interviewleitfaden, welcher für die Interviews erstellt wird, ist eigentlich eine Art von Fragebogen, hier werden nämlich alle Fragen, sowie dessen Reihenfolge schriftlich fixiert. Es wird darauf geachtet, dass alle relevanten Themen, welches für das Forschungsprojekt notwendig sind, auch berücksichtigt werden. Der eigentliche Leitfaden sollte aus ca. zwei Seiten bestehen und 8-15 Fragen umfassen. Es kommt allerdings auf die Standardisierungsform an, wie streng dieser Leitfaden verwendet werden muss (Reinhardt, Ornau & Tennert, 2020, S. 35 – 36). Laut Renner und Jacob (2020, S. 17) können Fragen auch in Hauptfragen und optionale Fragen eingeteilt werden. Hier wäre es so, dass die Hauptfragen verpflichtend angesprochen werden müssen, auch wenn nicht unbedingt in der Formulierung des Fragebogens, sowie optionale Fragen, welche gestellt werden können, falls die Interviewsituation es hergibt.

Für diese Arbeit wird ebenfalls ein Interviewleitfaden erstellt, welcher in Anlage 1 verfügbar ist. Es wird sich bei diesem Interview um ein halbstandardisiertes Interview handeln mit, wo das Merkmal des Orientierungsbedürfnisses (nach Matthes, 2005) geprüft werden soll auf das Thema Politische Maßnahmen zum Krieg in der Ukraine. Im nachfolgenden Kapitel wird vorgestellt, wie die Durchführung eines Interviews aussieht, von der Auswahl der zu befragenden Personen, über die Erstellung der Fragen für den Interviewleitfaden, bis zum eigentlichen Gespräch des Interviews.

Fallauswahl der Untersuchungspersonen

Die Befragten sind bei einem Interview die wichtigsten Personen, da ohne diese Personen, keine Daten existieren würden und somit auch keine Forschung betrieben werden könnte. Trotzdem sollte der Forscher, bzw. die Forscherin sich Gedanken machen, welche Personen nun kontaktiert werden sollten.

Zuerst sollte daher die relevante Zielgruppe definiert werden. Danach sollte geschaut werden, welche Personengruppe die potenziell befragte Person repräsentiert, warum ausgerechnet diese Person gut dafür geeignet ist und welche Erwartungen an diese Person gestellt werde (Reinhardt, Ornau & Tennert, 2020, S. 41).

Wie nun allerdings die Personen konkret ausgewählt werden, bzw. wie viele ausgewählt werden, hängt von der gewählten Methode ab. Es kann also sein, dass in einer Marketingabteilung eines Unternehmens, welche eine Mitarbeiterzahl von fünf Personen haben, alle Mitarbeiter und Mitarbeiterinnen ausgewählt werden am Interview teilzunehmen. Wenn die Mitarbeiterzahl in der Abteilung nun allerdings 100 ergeben würde, dann könnten dort z. B. gezielt Personen ausgewählt werden. Wichtig ist, dass begründet werden kann, warum ausgerechnet diese Personen ausgewählt worden sind.

In dem Interview in dieser Arbeit könnten zum Beispiel Personen aus einer Hochschule befragt werden. Zu einen Teil Studierende, welche sich mit Politikwissenschaften auseinandersetzen und zum anderen Teil Studierende, die etwas anderes studieren. So könnten Meinungen herausgefunden werden, von Personen, welche sich mehr mit dem Thema auskennen (Faktenwissen) und andere welches dieses Wissen nicht haben.

Durchführung des Interviews

Im nachfolgenden Kapitel soll nun auf den Ablauf eines Interviews eingegangen werden, sowie allen wichtigen Aspekten drumherum. Diese werden auch teilweise im Interviewleitfaden vorkommen. Die Erstellung der konkreten Fragen folgt im nächsten Kapitel.

Neben den Befragten müssen auch die passenden Interviewer ausgewählt werden. Einen guten Interviewer, bzw. gute Interviewerin machen einige Aspekte aus. Die Person muss wissen, wie Interviews geführt werden, also über alle Rahmenbedingungen die Kenntnis haben und wissen, wie die Fragen gestellt werden sollen. Sie sollte wissgierig sein zur Perspektive der Befragten, damit wichtige Aspekte aufgegriffen werden, diese könnten nämlich sogar die eigene Selbstreflexion ermutigen. Wichtig ist, dass diese Person sich unter Kontrolle hat und nicht seine eigenen Meinungen äußert und dafür lieber aktiv zuhört, was auch bedeutet, dass paraverbale Äußerungen auch gemacht werden dürfen (Helfferich, 2009, S. 52).

Der Interviewer oder die Interviewer muss nicht zwangsläufig der Forscher, bzw. die Forscherin des Projekts sein, teilweise ist es sogar besser, wenn er oder sie es nicht ist, damit durch, dass eigene Vorwissen nicht zur voreilig über die Interviewführung entschieden wird, sowie keine Beeinflussung der Befragten erfolgt.

Nachdem nun die Personen ausgewählt sind, muss ein geeigneter Termin gefunden werden. Je nachdem an welchem Ort das Interview stattfindet können direkt mehrere Interviews hintereinander behandelt werden, dies wäre der Fall, wenn das Interview z. B. an einer Hochschule oder in einem Studio stattfinden würde. Wenn das Interview bei den Befragten zu Hause stattfindet muss die Anfahrt zu den einzelnen Interviews mitbeachtet werden.

Nun soll der Ablauf der einzelnen Interviews erläutert werden, dieser wird auch im Interviewleitfaden erfasst.

Damit ein positiver Start in das Gespräch stattfinden kann, werden gerne, wie in Fragebögen auch, Eisbrecherfragen verwendet. Diese sind recht einfach zu beantworten und müssen häufig auch nicht unbedingt mit dem Thema zu tun haben, es soll einfach die Stimmung auflockern (Döring & Bortz, 2016, S. 408).

Auch einfach SmallTalk über die Anfahrt, das Wetter oder in dieser Interviewsituation die Hochschule können ebenfalls am Anfang besprochen werden.

Danach sollte zuerst der formale Rahmen genannt werden. Hierfür ist es sinnvoll, falls nicht bereits am Anfang getan, den Befragten für die Zeit zu danken, damit diese/r sich direkt wertgeschätzt fühlt.

Anschließend sollte das Ziel des Interviews angesprochen werden. Hier macht es Sinn sich selbst vorzustellen, wofür das Projekt ist, was mit dem Interview erreicht werden soll. Danach sollte das Vorgehen erklärt werden, welche Art von Fragen gestellt werden und wie lange der zeitliche Rahmen sein wird (Reinhardt, Ornau & Tennert, 2020, S. 43).

Es macht Sinn das Gespräch aufzuzeichnen, weshalb dem Interviewpartner danach gefragt wird, ob dieser damit einverstanden ist. Hierfür wird auch eine Einverständniserklärung unterschrieben. Es muss dem Interviewpartner auf jeden Fall versichert werden, dass alle Antworten anonymisiert werden und er oder sie sich also keine Sorgen um die Rückverfolgung von den Antworten machen muss (Rosken, 2020, S. 269).

Audioaufzeichnungen sollten im besten Fall immer gemacht werden, weshalb der Interviewer, bzw. die Interviewerin auch immer versuchen sollte die Befragten davon zu überzeugen. Es hat nämlich den Vorteil, dass alle Antworten wortwörtlich beibehalten werden und diese somit für die spätere Auswertung besser geeignet sind. Sollten keine Aufzeichnungen gemacht werden, müsste der Interviewer, bzw. die Interviewerin sich ständig Notizen machen, was den Gesprächsfluss beeinflussen kann oder die Antworten müssten nach dem Interview im Protokoll dokumentiert werden, was allerdings schwierig ist, da bei langen Interviews nicht alle Antworten exakt so dokumentiert werden können, wie die Befragten es gesagt haben. Daher sollten Audioaufzeichnungen so gut wie immer gemacht werden (Renner & Jacob, 2020, S. 58 – 59).

Wenn alles Formale geklärt ist, dann können die jeweiligen Fragen gestellt werden. Die einzelnen Fragen sind im Interviewleitfaden zu finden, das Vorgehen zur Erstellung der Fragen findet im nächsten Kapitel statt. Da dies ein halbstandardisiertes Interview ist, können die Reihenfolge oder die Formulierungen der Fragen während dem Gespräch noch verändert werden, je nachdem wie es besser zur Gesprächssituation passt.

Wenn dann alle Fragen gestellt worden sind, dann sollte der Interviewer, bzw. die Interviewerin sich nochmal für das Gespräch und die Zeit bedanken, sowie dem Befragten/der Befragten die Möglichkeit geben selbst Rückfragen zustellen oder die Möglichkeit geben etwas anzusprechen, was nicht im Gespräch vorkam. Sollte dann alles geklärt sein, dass können sich die Gesprächspartner verabschieden.

Nachdem Interview sollte, noch ein Protokoll erstellt werden, welcher nochmal alle Eindrücke des Gesprächs zusammenfasst, die Rahmenbedingungen angibt, Angaben zu inoffiziellen Gesprächen macht, sowie falls durch das Gespräch Thesen entstanden sind werden diese hier ebenfalls dokumentiert (Reinhardt, Ornau & Tennert, 2020, S. 45).

Erstellung der Fragen

In diesem Kapitel soll es nun um die eigentlichen Fragen gehen, was eigentlich gefragt werden soll, welche Arten von Fragen es gibt und wie die Antwortmöglichkeiten hier aussehen.

Als erstes können Fragen unterschiedlich offen gestellt werden. So sind bei geschlossenen Fragen, die Antwortmöglichkeiten bereits vorgegeben, indem zum Beispiel die Antwortkategorien dem Befragten genannt werden und dieser/diese dann eine davon auswählen muss, auch wenn er oder sie in keine richtig reinpasst. Bei halboffenen Fragen werden ebenfalls Antwortmöglichkeiten vorgegeben, allerdings kann auch, falls keine dieser Antwortmöglichkeiten passt eine eigene Antwort gegeben werden. Für Interviews, wo die Befragten ihre Meinungen oder Einstellungen erzählen sollen, eignen sich vor allem offene Fragen, da hier keine Antwortmöglichkeit vorgegeben ist, sondern die Befragten mit eigenen Wörtern, bzw. Sätzen antworten (Porst, 2014, S. 53 – 55).

Geschlossene Fragen bieten sich eher für Fragebögen an, welche quantitativ bewertet werden, bei qualitativen Interviews sind offene Fragen besser geeignet, auch wenn die Antworten dementsprechend komplexer sind.

Wurde eine Frage bereits dem Interviewpartner gestellt können darauf immanente und exmanente Fragen folgen. Immanente Fragen werden dann gestellt, wenn der Gesprächspartner weiter ins Detail gehen soll, es bezieht sich somit auf die vorher getroffenen Aussagen. Exmanente Fragen wiederum sind Fragen zu Aspekten, welche bisher noch nicht angesprochen wurden, welche allerdings ebenfalls Relevanz für das Thema haben (Reinhardt, Ornau & Tennert, 2020, S. 50; Wübbena, 2018, S. 172). Es kann auch zwischen direkten und indirekten Fragen unterschieden werden. Bei direkten Fragen geht es um einen konkreten Sachverhalt, wo sich der/die Befragte reindenken soll. Dies ist allerdings nicht immer möglich aufgrund von schlechter Erinnerung oder sozial missbilligten Verhalten, weshalb sich hier indirekte Fragen eher anbieten, wo eher hypothetisch gefragt wird (z. B. Vorstellen, was wäre, wenn etc.), hier kann es dann eher sein, dass die Befragten eine gute Antwort abgeben (Westhoff & Kluck, 2014, S. 100). Es können auch relationale Fragen gestellt werden, wo es, dass Ziel ist herauszufinden, welche Verbindung es gibt zwischen unterschiedlichen Sachverhalten, beispielhaft hier wie das Verhältnis zwischen

Kollegen und Vorgesetzten ist. Mit rekursiven Fragen kann auf die Denkweise des Befragten zurückgegangen werden, also dessen Antwort in die Frage miteinzubinden (Reinhardt, Ornau & Tennert, 2020, S. 51).

In diesem Interviewleitfaden geht es um das Thema Orientierungsbedürfnis nach Matthes (2005). Die Fragen sind hier direkt gestellt, so wie es aus der Analyse der Dimensionen ausgegangen ist, bis auf eine Ausnahme. Anstatt zu fragen, wie wichtig dem/der Befragten die Informationsmenge zum Krieg in der Ukraine ist, wurde hier indirekt gefragt, indem die Frage darauf ausgeht, dass der/die Befragte entscheiden soll, wie viele Informationen er oder sie in der Tagesschau zu diesem Thema ausgeben würde. Die Frage wurde so umformuliert, da aufgrund von sozialer Erwünschtheit (aufgrund von Solidarität und Respekt) die Befragten sonst sagen würden ist ihnen wichtig, aber aufgrund des Denkens einer anderen Perspektive wird somit indirekt erfasst, wie sehr bei ihnen tatsächlich der Wunsch nach solchen Informationen ist. Der Interviewleitfaden beinhaltet nur die neun Fragen, aus den jeweiligen Dimensionen, aber es können, wie bereits aus dieser Arbeit ersichtlich wurde, noch weitere Fragen gestellt werden, welche sich aus dem Gespräch her ergeben, diese können natürlich nicht vorgesehen und somit auch nicht vorformuliert werden.

Es werden auch soziodemographische Fragen gestellt, wie das Geschlecht, das Alter oder der Studiengang, einfach, dass später bei der Auswertung Vergleiche gemacht werden können, bzw. daraus etwas ersichtlich werden könnte.

Um zu schauen, ob die Fragen auch passen, kann vor dem eigentlichen Interview auch ein Pretest gemacht werden. Dort wird der Interviewleitfaden dann getestet, um zu schauen, ob es denn ohne Probleme so angewandt werden kann. Außerdem kann dadurch der Interviewer, bzw. die Interviewerin bereits mit der Interviewführung üben (Rosken, 2020, S. 90 – 91).

Zusammenfassung

Wie aus diesem Kapitel ersichtlich sind Interviews wichtige Instrumente, um Daten zu bestimmten Themen zu erlangen. Hierfür müssen die passenden Befragten ermittelt werden, sowie auch die passenden Interviewer mit den nötigen Qualifikationen gefunden werden. Damit das Interview allerdings reibungslos verläuft muss ein Interviewleitfaden (bei halbstandardisierten Interviews) erstellt werden. Dort wird nämlich alles dokumentiert, von der Begrüßung, über die Fragen bis hin zur Verabschiedung. Die Fragen sind natürlich das Kernstück des Interviews, hier können unterschiedliche Arten von Fragen formuliert werden, die endgültige Reihenfolge oder Formulierung der Fragen kann allerdings bei halbstandardisierten Interviews, während dem Interview verändert werden. Ebenfalls können dort weitere Fragen gestellt werden. Nach Beendigung der Interviews haben die Forscher einiges an Daten, welche anschließend für die Forschung weitergenutzt werden können.

Aufgabe C2 - Transkription

Nachdem alle Interviews in einem Forschungsprojekt durchgeführt wurden, haben die Forscher viele Daten in Form von Audioaufzeichnungen vorhanden. Diese Audioaufzeichnungen können allerdings für die weitere Forschung nicht ohne weiteres verwendet werden, hierfür benötigt es eine Transkription.

Eine Transkription ist der Prozess die gesprochene Sprache der Audioaufzeichnungen in die schriftliche Form anzupassen, damit später etwas mit diesen Daten gemacht werden kann. Dabei ist der Prozess der Transkription sehr lang, da die Interviews teilweise mehrfach angehört werden müssen und je nach detailtiefe muss unterschiedlich viel geschrieben werden (Ahlburg, 2019, S. 110 – 112). Transkriptionen werden in der Psychologie bereits seit den 40er-Jahren verwendet, indem dort bereits Audioaufnahmen möglich wurden. Damit die Analyse hier nachvollziehbarer werden sollte, haben die Forscher Audioaufnahmen gemacht und diese dann transkribiert, dies hat auch dazu geführt, dass die Transkriptionen auch im klinischen Bereich immer mehr verwendet wurden (Rogers, 1942, zitiert nach Mey & Mruck, S. 836).

Für die qualitative Forschung macht es Sinn Transkriptionen anzufertigen, damit die Daten aus den Interviews auch verwendet werden können, deshalb sollte auch der Aufwand hierfür eingegangen werden. Im nachfolgenden Kapitel soll es darum gehen, welche Transkriptionsregeln es gibt und wie diese den Grad der Detailtiefe der Transkription verändern, sowie um das generelle Vorgehen bei einer Transkription.

Transkriptionsregeln

Transkriptionsregeln bilden die Voraussetzung, wie ein Interview aus der Audioform in die schriftliche Form umgewandelt werden soll. Solche Regeln werden deshalb vorab definiert, damit jedes Interview und von jedem Interviewer/Interviewerin gleich transkribiert wird. So werden die Interviews aus formaler Sicht nachvollziehbarer und können miteinander verglichen werden.

Transkriptionsregeln können sehr detailliert sein und deshalb auch viel Aufwand im Sinne von Zeit kosten. Die Forscher und Forscherinnen sollten sich daher vorab Gedanken gemacht machen, wie detailliert Interviews transkribiert werden sollen.

Laut Baur und Blasius (2019, S. 449) kann die Transkription von Interviews das Fünf- bis Zehnfache der eigentlichen Interviewzeit kosten.

Das bedeutet, dass wenn ein Interview 20 Minuten lang ging, die Transkription dafür allein ca. zwischen 1,5 und 3,5 Stunden in Anspruch nehmen kann.

So verwendet Hein (2016, S. 169) in seinem Buch „Erfolg im Compliance Management" folgende Transkriptionsregeln für seine Interviews: Interviews werden vollständig und wortwörtlich wiedergegeben, hierbei werden auch Wiederholungen dokumentiert. Auch Äußerungen wie „mhm" oder „äh" werden transkribiert, wenn diese im Interview vorkamen, diese Äußerungen setzt Hein mit Querstrichen (/) in den Fließtext. Auch „mhm" oder „ja", welche für das aktive Zuhören verwendet werden, werden transkribiert, indem die Äußerung aufgeschrieben wird und in Klammern den Effekt beschreibt (z. B. nachdenklich). Dialekte werden eingedeutscht und sollte dies nicht möglich sein werden die dialektischen Wörter so aufgeschrieben wie es der Forscher, bzw. die Forscherin hört. Sollten Unklarheiten vorkommen werden diese mit einer Zeitangabe in Klammern dokumentiert. Hein verwendet für das gesprochene des Interviewers, bzw. der Interviewerin das Kürzel „RH" und für die interviewten Personen das Kürzel „IP1", „IP2" usw. Ansonsten werden ebenfalls Pausen dokumentiert, mit einem Punkt sehr kurze Pausen, mit einem Minus eine kurze Pause unter einer Sekunde, bei drei Minuszeichen wird eine längere Pause, von einer Sekunde dokumentiert und alles darüber wird in Klammern mit einer Zahl und einem „s" für Sekunde angegeben. Großbuchstaben werden für Betonungen verwendet, wenn etwas unverständlich ist, wird zwischen den Textpassagen zwei Klammern gesetzt „()". Ebenfalls wird nonverbales Verhalten dokumentiert, indem dieses in Klammern angegeben wird.

Wie in diesem Beispiel verdeutlicht wurde, sind Transkriptionsregeln sehr genau, was alles dokumentiert werden soll. Was hier auch auffällt, es sind eben nicht nur die wörtlichen Aussagen, welche den Inhalt wiedergeben, sondern auch Pausen, Laute oder unklare Äußerungen, welche alle mit dokumentiert werden. Hätten die interviewten Personen ihre Antworten alle in schriftlicher Form abgegeben, dann gäbe es diese Informationen nicht. Auch interessant ist hier, dass das nonverbale Verhalten ebenfalls dokumentiert wird. Menschen kommunizieren nämlich nicht nur mit der Sprache, sondern auch mit dem Körper. So kann die nonverbale Kommunikation auch nochmal den Inhalt einer Aussage füllen, indem die Aussage zum Beispiel nicht mit der Körpersprache übereinstimmt. Dies ist auch ein Vorteil von Interviews, so etwas zu erfassen, was bei einem Fragebogen nicht möglich gewesen wäre.

Zohner (2020, S. 181) hat ebenfalls exemplarisch Transkriptionsregeln verfasst. Hier ist die Besonderheit vor allem, dass sie auch einiges an Sprache korrigiert, und zwar nicht nur den Dialekt, sondern auch wenn die interviewten Personen sich falsch ausdrücken oder einen falschen Satzbau haben. Pausen berücksichtigt die Autorin gar nicht, dafür allerdings die Betonung von Wörtern oder auch die Dehnung von Wörtern, welche mit Doppelpunkten, je nachdem wie gedehnt, dokumentiert werden.

Teilweise haben die Forscher und Forscherinnen also Gemeinsamkeiten bei den Regeln, teilweise aber auch Unterschiede, hier haben sie also eine gewisse Freiheit, was die Erstellung der Transkriptionsregeln angeht, auch wenn manche Aspekte, wie Vollständigkeit, sprachliche Äußerungen (Laute) oder Kommentare eigentlich immer vorhanden und transkribiert sein sollten.

Vorgehen

Nachdem die Transkriptionsregeln festgelegt wurden, können die Forscher und Forscherinnen mit der eigentlichen Transkription anfangen. Hier lohnt es sich mit Computerprogrammen zu arbeiten.

Durch Computerprogramme ist es möglich die Audioaufzeichnung nochmal zu wiederholen, ein Rückspulintervall zu erstellen, sodass eine gewisse Passage immer wieder wiederholt wird, bis diese vollständig transkribiert wurde. Die Aufzeichnung kann auch verlangsamt werden, für ein angenehmeres Schreibtempo oder auch Stopps können eingebaut werden (Ornau, 2014, S. 65). Ein wichtiger Punkt bei der Transkription ist, dass die Aussagen/Daten, welche durch das Interview erlang werden, anonymisiert werden, also dass kein Rückschluss auf die interviewte Person geben kann. Hierzu sollten Namen vermieden werden und lieber wie vorhin beschrieben mit z. B „IP1", „IP2" etc. erfasst werden. Aber auch Städtenamen oder Kalenderdaten sollten anonymisiert werden, so kann aus Düsseldorf einfach nur eine Großstadt genannt werden oder anstatt eines Datums einfach nur die Jahreszeit zu nennen (Baur & Blasius, 2019, S. 452; Ornau, 2014, S. 66)

Nach der Transkription ist nun ein schriftlicher Text vorhanden, welcher nun zusammen mit einer QDA-Software (Qualitative Datenanalyse) analysiert werden kann. Hier können dadurch Kategorien gebildet werden, welche für die Forschungsfrage relevant sind, es können alle Textpassagen identifiziert und den Kategorien zugeordnet werden, die Kategorien können mit allen zugeordneten Textpassagen angezeigt werden, danach können auch Subkategorien erstellt werden, um ein detailliertes Bild zu erlangen, aufgrund der Subkategorien muss dann der Text nochmal durchgegangen werden, damit dieser zu den Subkategorien zugeordnet werden kann, danach kann analysiert werden und die Ergebnisdarstellung kann beginnen (Kuckartz, 2014, S. 139 – 140). Auch ein Export in Statistikprogramme, wie SPSS ist möglich.

Aufgabe C3 – Qualitative Fallauswahl

Die qualitative Fallauswahl beschäftigt sich mit der Fragestellung der passenden Befragten im Interview. Es ist nämlich nicht immer von vornherein klar, wer alles befragt wird. Bei einem Projekt, wo eine Abteilung mit zehn Personen befragt wird, brauchen sich die Forscher und Forscherinnen keine großen Gedanken machen, wer jetzt eigentlich befragt wird, sondern es werden einfach alle aus der Abteilung befragt. Sollte jetzt allerdings ein Projekt in einem Unternehmen mit 100.000 Mitarbeiter und Mitarbeiterinnen durchgeführt werden, dann können nicht alle Menschen befragt werden, sondern es muss ausgewählt werden und hierfür wird die qualitative Fallauswahl benötigt. Daher muss aus einem großen Pool an potenziellen Befragten eine Stichprobenauswahl vorgenommen werden. In der Mathematik wird gesagt, dass die Anzahl aller möglichen Befragten zur Grundgesamtheit gehört, während eine Stichprobe nur eine Teilmenge davon ist. Es wird bei Befragungen, ob per Fragebogen oder Interview, mit Stichproben gearbeitet, da es meist eine zu große Auswahl gibt, welche ohne diese Eingrenzung zu vielen Kosten verursachen würde, sowie auch viel Zeit benötigen würde. Bei einem Fragebogen sollte auch auf die Repräsentativität geachtet werden, dass bedeutet, ob die Stichprobenauswahl auch tatsächlich ein exaktes Abbild von der Grundgesamtheit widerspiegelt. Das bedeutet, dass ein Durchschnittsalter in der Stichprobe, auch das Durchschnittsalter in der Grundgesamtheit sein sollte. Um dies zu gewährleisten, sollte darauf geachtet werden, dass die richtige Anzahl an Befragten, je soziodemographischen Aspekten ausgewählt wird. Ist in der Grundgesamtheit 55% weiblicher Anteil, dann sollten auch 55% der Befragten weiblich sein und dies dann auch auf weitere Aspekte ausweiten (Haack, Tippe, Stobernack & Wendler, 2017, S. 396). In der qualitativen Fallauswahl können die Befragten per bewusster Stichprobenauswahl ausgewählt werden. Hier ist es so, dass vorab Kriterien festgelegt werden, nach welchen die Befragten ausgewählt werden, hier wird also nicht zufällig ausgewählt aus der Grundgesamtheit, sondern es werden einfach passende Personen ausgewählt. So kann bei der Befragung von Studierenden ein Kriterium der Studiengang sein und dementsprechend können dann bewusst Studierende ausgewählt werden, welche im gewissen

Studiengang eingeschrieben sind (Alonso, Blumentritt, Olderog & Schwesig, 2017, S. 91 – 92; Reinhardt, Ornau & Tennert, 2020, S. 41).

Bei einer qualitativen Fallauswahl geht es jetzt allerdings nicht darum eine Repräsentativität zu gewährleisten, es ist hier vielmehr von Bedeutung konkret zu begründen, weshalb ausgerechnet eine Person X ausgewählt wurde. Dabei sollten mehrere Aspekte beachtet werden, wie welche Gruppe diese Person repräsentiert, was das eigentliche Ziel der Untersuchung ist und welche Erwartungen an die konkrete Person gestellt werden (Reinhardt, Ornau & Tennert, 2020, S. 41).

Trotzdem gibt es auch bei der qualitativen Fallauswahl eine Stichprobe. Hier können sogar zwischen homogenen und heterogenen Stichproben unterschieden werden.

Homogene Stichproben setzen sich aus Fällen zusammen, welche gleichartig sind, dadurch können Phänomene bis ins Detail erforscht werden. Heterogene Stichproben setzen sich wiederum aus unterschiedlichen Fällen zusammen und sind gut geeignet, um Theorien aufzustellen (Mey & Mruck, 2020, S. 29).

Es können bei einer qualitativen Fallauswahl auch zwischen einer fixen und einer flexiblen Fallauswahl unterschieden werden. Bei der fixen Fallauswahl wird vor der Untersuchung aufgestellt, wer befragt wird, aufgrund von vorab definierten Kriterien und wird dann so auch durchgeführt, dies ist beispielsweise beim Quotenplan der Fall. Bei der flexiblen Fallauswahl können während dem Untersuchungsverlauf noch weitere Anpassungen vorgenommen werden und somit noch mehr Personen befragt werden, dies ist zum Beispiel beim Schneeballverfahren der Fall (Reinhardt, Ornau & Tennert, 2020, S. 42).

Im nachfolgenden Kapitel werden unterschiedliche Verfahren gezeigt, welche bei der qualitativen Fallauswahl verwendet werden, um zu bestimmen, welche Personen nun eigentlich befragt werden.

Theoretische Stichprobenziehung

Die theoretische Stichprobenziehung, oder auch „theoretical sampling" genannt, ist eine Methode, um herauszufinden, wie viele Personen überhaupt befragt werden sollen. Hierbei ist es nämlich so, dass zu einem

Untersuchungsgegenstand Kriterien ausgewählt werden, welche die ersten zu befragenden Personen auswählt. Durch diese Interviews mit den Personen entsteht neues Wissen bezüglich der Theorie des Untersuchungsgegenstandes und der wichtigen dazugehörigen relevanten Aspekte. Ist für eine Theorie zum Beispiel das Einkommen oder die Zufriedenheit wichtig, dann können mehr Personen zu diesen Eigenschaften ausgewählt werden. Dabei sollten die befragten Personen sich auch unterscheiden, dass zum Beispiel beim Einkommen, möglichst alle Einkommensstufen berücksichtigt werden. Es wird dann so lange nach weiteren Personen gesucht, bis es zu einer theoretischen Sättigung kommt, also zu einem Zustand, wo keine neuen Erkenntnisse mehr gewonnen werden, dann kann nämlich die Untersuchung abgeschlossen werden. Der Zustand der theoretischen Sättigung muss allerdings begründet und nachvollziehbar sein (Döring & Bortz, 2016, S. 303).

In dieser Methode ist die flexible Fallauswahl präsent, da bei dieser Fallauswahl mehr Personen im Laufe des Untersuchungsgegenstandes befragt werden und dass so lange bis keine neuen Erkenntnisse mehr dazukommen. Es ist auch eine heterogene Stichprobe, da die Fälle unterschiedlich voneinander sind, damit bei den Theorien herausgefunden werden kann, was relevante Aspekte (z. B. Einkommen) sind. Diese Methode eignet sich vor allem, wenn die Theorien noch nicht klar sind und durch die Interviews ein besserer Einblick in die Thematik eingeholt werden soll. Aufgrund der gewonnenen Informationen aus dem Interview kann sich auch der Interviewleitfaden ergänzen, damit die relevanten Aspekte auch bei künftigen Interviews berücksichtigt werden können.

Quotenplan

Ein Quotenplan wird verwendet, um vorab Kriterien auszuwählen, nach welchen die potenziellen Befragten ausgewählt werden sollen. Hierbei eignen sich vor allem soziodemographische Merkmale, wie das Alter, Geschlecht oder Bildungsstand, aber auch andere Aspekte sind denkbar. Durch die unterschiedlichen Merkmale, welche relevant sind können nun unterschiedliche Menschen ausgewählt werden. Diese können sich durch ein Merkmal wie den Studiengang ähneln, aber dann auch durch Merkmale wie das Einkommen oder das Alter unterscheiden. Weshalb hier also sowohl eine homogene als auch eine heterogene Stichprobe entsteht. Per Kreuztabellen können die einzelnen Merkmale miteinander verbunden werden, sodass alle Kombinationen vertreten sein können, um bestmögliche Unterschiede zu gewährleisten, um zu sehen, wie gewisse Merkmale eine Theorie beeinflussen (Baur & Blasius, 2019, S. 321 – 322; Reinhardt, Ornau & Tennert, 2020, S. 42).

Bei diesem Verfahren handelt es sich um eine fixe Fallauswahl, da vorab die Kriterien bestimmt werden, welche für den Quotenplan relevant sind und später auch nicht mehr verändert werden. Die Anzahl je Kombinationsmöglichkeit der Merkmale bleibt also, wie diese am Anfang festgestellt worden ist. Dieses Verfahren eignet sich also vor allem dann, wenn für die Theorie, welche mit der Befragung geprüft werden soll, bereits am Anfang genügend Informationen bestehen, um die relevanten Kriterien überhaupt feststellen zu können.

Bei einer Forschungsfrage innerhalb eines Unternehmens sind die potenziell zu befragenden Personen bereits bekannt. Hier könnte durch ein Quotenplan die Anzahl der Mitarbeiter und Mitarbeiterinnen verkleinert werden, indem nach Abteilung, Geschlecht, Alter oder Länge der Betriebszugehörigkeit ein Quotenplan erstellt wird, wo zwar einige Mitarbeiter und Mitarbeiterinnen befragt werden können, welche in die Kategorien reinpassen, aber so müssen nicht alle Mitarbeiter und Mitarbeiterinnen aus einem Unternehmen befragt werden.

Gezielte Auswahl

Bei der gezielten Fallauswahl werden Personen befragt, welche extreme, kritische oder typische Fälle eine Theorie bilden und deshalb interessant sind sich diese anzusehen. Dies eignet sich vor allem, um Hypothesen einer Theorie zu prüfen. Anwendungsfelder dieser Auswahlmethode liegt in der klinischen Psychologie, Psychotherapie oder der sozialen Arbeit (Reinhardt, Ornau & Tennert, 2020, S. 43).

Bei dieser Methode können die Personen, welche befragt werden, auch ganz flexibel ausgewählt werden, wenn ein interessanter Fall bekannt wird, dann kann diese Person befragt werden, um mehr Informationen zu einer Theorie zu erhalten. Zum Beispiel eignet es sich in der klinischen Psychologie sehr gut, da wenn Patienten oder Patientinnen krank werden, dann können diese zur Untersuchung befragt werden. Diese Patienten, bzw. Patientinnen sind sowohl interessant, wenn diese typische Fälle aufzeigen, da so geprüft werden kann, ob typische Beschwerden einer Krankheit, bzw. einer (psychischen) Störung tatsächlich auftreten oder nicht. Kritische oder extreme Fälle sind allerdings ebenfalls interessant, da hier herausgefunden werden kann, was im schlimmsten, oder auch im mildesten Fall passieren könnte, sodass auch dahin Informationen vorliegen. Vor allem in der Psychologie sind Fälle unterschiedlich, eine depressive Person muss somit nicht automatisch auch Suizidgedanken haben, aber in der Extremform wird dies wohl vorkommen, wenn nicht sogar die eigentlichen Suizidversuche. Die Befragten sind hier in einer homogenen Stichprobe, da diese zum Beispiel die gleiche Störung haben, sie können sich aber auch stark unterscheiden, was die Lebensbedingungen und Vorgeschichte angehen.

Schneeballverfahren

Das letzte Verfahren, welches noch vorgestellt werden soll, ist vor allem bei der Recherche von z. B. Literatur anzutreffen.
In der Recherche wird dieses Verfahren verwendet, indem sich der Leser, bzw. die Leserin das Literaturverzeichnis durchliest und so die verwendeten Quellen herausfindet, welche etwas mit der zitierten Passage zu tun haben und wo dann ggf. weitergelesen werden kann. Dort gibt es dann erneut ein Literaturverzeichnis mit Quellen, welche auf weitere Bücher zu dem Thema verweisen. Durch diese Methode können viele Bücher zu einem Thema gefunden werden (Döring & Bortz, 2016, S. 160). Dieses Verfahren kann allerdings auch genutzt werden für Interviews. In dem Fall muss es eine zu befragende Person geben und diese soll andere Personen aus ihrem Umkreis vorschlagen, welche ebenfalls befragt werden können, sofern sie die Bedingungen für die Befragung erfüllen (ebd. S. 308 – 309).
Diese Methode eignet sich vor allem dann, wenn nicht viele Menschen im Pool der zu Befragenden sind und daher mehr rekrutiert werden sollen. So kann zum Beispiel jemand bei einer Produktbefragung teilnehmen, weil dieser beim Kauf

des Produkts akzeptiert hat, kontaktiert zu werden. Nach der Befragung mit dieser Person, kann gefragt werden, ob diese jemanden kennt, welche/r auch teilnehmen könnten. Im besten Fall können dadurch immer mehr Kontaktdaten folgen und dadurch auch mehr Befragungen durchgenommen werden. Somit ist hier die Fallauswahl auch flexibel, da viele der befragten Personen erst nach den ersten Interviews dazukommen. Hier ist die Stichprobe unterschiedlich, wäre im Beispiel der Produktbefragung aber heterogen, da unterschiedliche Menschen befragt werden könnten.

Anhang

Anhang 1: Interviewleitfaden

Projekt:

Orientierungsbedürfnis nach Matthes (2005) zum Thema Politische Maßnahmen zum Krieg in der Ukraine 2022

Interviewleitfaden Studierende

Begrüßung und Einleitung

Guten Tag, vielen Dank, dass Sie sich die Zeit genommen haben bei diesem Interview teilzunehmen.

Bevor es mit dem eigentlichen Gespräch beginnen soll, möchte ich Ihnen den Zweck dieses Interviews kurz erklären. Im Rahmen meiner Studienarbeit beschäftige ich mich mit dem Thema Orientierungsbedürfnis und möchte herausfinden wie ausgeprägt diese Eigenschaft unter den Studierenden ist. Dafür werden wir im heutigen Gespräch auf das Thema Politische Maßnahmen zum aktuellen Krieg in der Ukraine zu sprechen kommen.

Sie erhalten in diesem Interview offene Fragen, welche Sie mit aller Ruhe beantworten können. Der zeitliche Rahmen ist auf ca. 20-30 Minuten angesetzt.

Für die weitere Forschung möchte ich dieses Gespräch ganz gerne aufzeichnen und anschließend niederschreiben. Ihre Antworten werden selbstverständlich anonym behandelt. Hierfür benötige ich daher auch eine Unterschrift der Einverständniserklärung.

Formaler Teil

Name:
Ort, Datum:
Geschlecht:
Alter:
Beginn des Interviews:
Ende des Interviews:
Studiengang:

Individueller Teil

Dimension Orientierungsbedürfnis nach Themen

- Informieren Sie sich über neue Entwicklungen aus der Welt?
- Ist es Ihnen wichtig, sich grundsätzlich über neue Themen regelmäßig zu informieren?
- Haben Sie das Verlangen danach sich täglich mit neuen Informationen zu aktuellen Themen zu versorgen?

Dimension Orientierungsbedürfnis nach Fakten

- Welche Informationen haben Sie bezüglich der unterschiedlichen Sichtweisen zu dem Krieg in der Ukraine?
- Wenn Sie entscheiden könnten, welche Nachrichten in der Tagesschau ausgestrahlt werden, wie ausgiebig würden Sie über den Krieg in der Ukraine berichten?
- Welche Erwartungen haben Sie bezüglich der detaillierten Hintergrundinformationen zu dem Krieg in der Ukraine?

Dimension Orientierungsbedürfnis nach Bewertungen

- Wie relevant ist für Sie persönlich der Krieg in der Ukraine?
- Wie relevant sind Ihnen die journalistischen Äußerungen zu dem Krieg in der Ukraine?
- Wie relevant sind Ihnen die Meinungen von den Journalisten zu dem Krieg in der Ukraine?

Schluss

Wir sind nun zum Schluss des Interviews gekommen. Vielen Dank für die Beantwortung meiner Fragen. Haben Sie noch irgendwelche Aspekte, welche nicht im Interview angesprochen wurden?

Vielen Dank für das Interview und Ihre Zeit

Einverständniserklärung

Ich, ... erkläre mich hiermit einverstanden, dass das Gespräch, welches am .... Mit Herrn/Frau .... stattgefunden hat aufgezeichnet und transkribiert werden darf und für die weitere Forschung genutzt werden darf.

Ich bin damit einverstanden, dass Ausschnitte dieses Gesprächs in der Studienarbeit verwendet und publiziert werden darf. Alle Persönlichen Daten werden anonymisiert oder gelöscht werden, sodass kein Rückschluss auf meine Person möglich ist.

Ort, Datum					Unterschrift

Literaturverzeichnis

Ahlburg, B. E. (2019). *Live-Supervision im Kontext Systemischer Familientherapie.* Wiesbaden: Springer. https://doi.org/10.1007/978-3-658-25859-7

Alonso, G., Blumentritt, M., Olderog, T. & Schwesig, R. (2017). *Strategien für den Lernerfolg berufstätiger Studierender.* (1. Aufl.). Wiesbaden: Springer. https://doi.org/10.1007/978-3-658-17530-6

Baur, N. & Blasius, J. (Hrsg.). (2019). *Handbuch Methoden der empirischen Sozialforschung.* (2. Aufl.). Wiesbaden: Springer VS. https://doi.org/10.1007/978-3-658-21308-4

Döring, N. & Bortz, J. (2016). *Forschungsmethoden und Evaluation in den Sozial- und Humanwissenschaften.* (5. Aufl.). Berlin, Heidelberg: Springer. https://doi.org/10.1007/978-3-642-41089-5

Haack, B., Tippe, U., Stobernack, M. & Wendler, T. (2017). *Mathematik für Wirtschaftswissenschaftler.* (1. Aufl.). Berlin, Heidelberg: Springer. https://doi.org/10.1007/978-3-642-55175-8

Hein, R. (2016). *Erfolg im Compliance Management.* (1. Aufl.). Wiesbaden: Springer. https://doi.org/10.1007/978-3-658-12848-7

Helfferich, C. (2009). *Die Qualität qualitativer Daten.* (3. Aufl.). Wiesbaden: VS Verlag für Sozialwissenschaften. https://doi.org/10.1007/978-3-531-91858-7

Kuckartz, U. (2014). *Qualitative Text Analysis.* (1. Aufl.). London: Sage Publications.

Lamers, A. (2018). *Public Management.* (8. Aufl.). Wiesbaden: Springer. https://doi.org/10.1007/978-3-658-21807-2

Matthes, J. (2005). The Need for Orientation Towards News Media: Revising and Validating a Classic Concept. *International Journal of Public Opinion Research, 18*, S. 422-444

Mey, G. & Mruck, K. (Hrsg.). (2020). *Handbuch Qualitative Forschung in der Psychologie.* (2. Aufl.). Wiesbaden: Springer. https://doi.org/10.1007/978-3-658-26887-9

Ornau, F. (2014). *Inhaltsanalyse.* (1. Aufl.). Riedlingen: Studienbrief der SRH-Fernhochschule – The Mobile University.

Porst, R. (2014). *Fragebogen.* (4. Aufl.). Wiesbaden: Springer VS. https://doi.org/10.1007/978-3-658-02118-4

Reinhardt, R., Ornau, F. & Tennert, F. F. (2020). *Interviewtechnik.* (3. Aufl.). Riedlingen: Studienbrief der SRH-Fernhochschule – The Mobile University.

Renner, K.-H. & Jacob, N.-C. (2020). *Das Interview*. (1. Aufl.). Berlin, Heidelberg: Springer. https://doi.org/10.1007/978-3-662-60441-0

Rosken, A. (Hrsg.). (2020). *Stärken- und lebensphasenorientiertes Personalmanagement*. (1. Aufl.). Wiesbaden: Springer. https://doi.org/10.1007/978-3-658-29997-2

Westhoff, K. & Kluck, M.-L. (2014). *Psychologische Gutachten schreiben und beurteilen*. (6. Aufl.). Berlin, Heidelberg: Springer. https://doi.org/10.1007/978-3-642-35354-3

Wübbena, H. (2018). *Gruppendynamik von Sportspielmannschaften*. (1. Aufl.). Wiesbaden: Springer. https://doi.org/10.1007/978-3-658-19333-1

Zohner, A. B. (2020). *Kundenbindung durch barrierefreie Online-Kommunikation*. (1. Aufl.). Wiesbaden: Springer. https://doi.org/10.1007/978-3-658-28838-9

BEI GRIN MACHT SICH IHR WISSEN BEZAHLT

- Wir veröffentlichen Ihre Hausarbeit, Bachelor- und Masterarbeit

- Ihr eigenes eBook und Buch - weltweit in allen wichtigen Shops

- Verdienen Sie an jedem Verkauf

Jetzt bei www.GRIN.com hochladen und kostenlos publizieren